Adam R

Peur
sur la ville

Pour découvrir nos nouveautés,
consulter notre catalogue en ligne,
contacter nos diffuseurs, ou nous écrire,
rendez-vous sur Internet :

www.fle.hachette-livre.fr

Couverture : Guylaine Moi
Conception graphique et mise en page : Anne-Danielle Naname
Illustrations : Steeven Mouran

ISBN : 2-01-155457-8

© HACHETTE LIVRE 2005, 43, quai de Grenelle, 75905 Paris CEDEX 15.
Tous les droits de traduction, de reproduction et d'adaptation réservés pour tout pays.
La loi du 11 mars 1957 n'autorisant, aux termes des alinéas 2 et 3 de l'article 41, d'une part, que « les copies ou reproductions strictement réservées à l'usage privé du copiste et non destinées à une utilisation collective » et, d'autre part, que « les analyses et les courtes citations » dans un but d'exemple et d'illustration, « toute représentation ou reproduction intégrale ou partielle, faite sans le consentement de l'auteur ou de ses ayants droit ou ayants cause, est illicite ». (Alinéa 1 de l'article 40)
Cette représentation ou reproduction, par quelque procédé que ce soit, sans autorisation de l'éditeur ou du Centre français de l'exploitation du droit de copie (20, rue des Grands-Augustins, 75006 Paris), constituerait donc une contrefaçon sanctionnée par les articles 425 et suivants du Code pénal.

Sommaire

Chapitre 1	La Chose	5
Chapitre 2	Un tueur dans la ville	10
Chapitre 3	Demain, la fin du monde	15
Chapitre 4	Au sous-sol	23
Chapitre 5	L'Âme sœur	27
Chapitre 6	Quinze jours plus tard…	33

Mots & Expressions	36
Activités	38
Corrigés	46

La **Chose** dort depuis si longtemps qu'elle a oublié le temps.

Cachée sous terre, elle attend l'Heure.

Elle dort, elle se réveillera un jour.

Quand la fin des êtres humains sera proche...

Chapitre 1

La Chose

**Mais*, ces temps-ci, la Chose dort mal. Des bruits la dérangent. La terre bouge autour d'elle. Le monde bouge. Au fond de son sommeil, elle sent que l'Heure arrive…*

Niedelbruck est une ville tranquille, au Nord de la France. On y trouve des maisons fleuries, des jardins fleuris, des rues fleuries et, sur la place de la mairie, des fleurs de toutes les couleurs. Il ne se passe jamais rien ici. Et, ce mercredi de septembre, tous les habitants regardent un camion noir… Il s'arrête devant la mairie. Le chauffeur descend, un papier à la main, et entre dans le bâtiment.

 Oui, l'Heure arrive. La Chose le sait, elle le sent. Et elle se prépare à sortir. Alors, le monde sera à elle…

Les mots en vert renvoient à la rubrique *Mots et Expressions*, p. 36.

Chapitre 1

La secrétaire secoue la tête.

« Non, nous n'avons pas de monsieur Schuwert, ici. »

Le chauffeur du camion s'étonne :

« Mais j'ai une caisse pour un certain René Schuwert, fleuriste à Niedelbruck. C'est bien ici ? »

La femme réfléchit un moment.

« Ah oui ! Je vois de qui vous voulez parler. Un vieil homme **bizarre** qui adorait les **orchidées**. Il est mort, l'année dernière.

— Alors, qu'est-ce que je vais faire, moi, avec ma caisse ? Il faut bien que je la laisse quelque part ! »

La femme demande :

« Et qu'est-ce qu'il y a dans cette caisse ?

— De la terre des **Carpates**.

— Ah ?

— Oui, de la terre de **cimetière**. C'est très bon pour les **orchidées**. C'est aussi très, très cher ! Il y en a pour des milliers d'euros…

— Eh bien, mettez votre caisse ici, dans le **sous-sol**. Je vais prévenir monsieur le maire. Il téléphonera au fils de monsieur Schuwert. Il viendra la chercher.

— D'accord, j'y vais ! »

Derrière leurs fenêtres, les habitants de Niedelbruck regardent le chauffeur descendre la caisse du camion. Une grande caisse de bois, très lourde. Le camion repart et plus rien ne se passe. La vie continue comme tous les jours, à Niedelbruck.

La Chose

Chapitre 1

▲ *La Chose se réveille enfin. Elle ouvre les yeux. Autour d'elle, c'est la nuit. Elle a dû dormir très longtemps. Et maintenant, elle a faim. Très, très faim. Elle soulève le couvercle et sort de sa caisse.*

Il est tard, Niedelbruck s'endort. C'est une belle nuit d'automne, toutes les fenêtres sont ouvertes.

Dans sa chambre, Alex a allumé sa console de jeux. Dans le jeu vidéo, il est Kane, le chasseur de vampires. Il avance dans des couloirs sombres, son épée à la main. Quand un vampire l'attaque, il lui enfonce son épée dans le cœur. Alex-Kane s'amuse comme un fou !

Son père passe sa tête par la porte.

« Alex, il est tard !
— Encore cinq minutes, papa, s'il te plaît ! Après, je vais dormir, je te le promets.
— D'accord… Mais pas plus de cinq minutes !
— Promis, papa. Croix de bois, croix de fer, si je mens, je vais en enfer ! »

Stéphane Allard sourit. Il referme la porte de la chambre.

▲ *La Chose n'a pas mangé depuis de longues années. Elle sent une odeur de sang, tout près d'elle. Couché devant une porte, un clochard dort. La Chose s'approche de lui, comme une ombre…*

Alex tue son dernier adversaire. Il éteint la console et se tourne vers la fenêtre ouverte. Il sursaute. Il voit une ombre sortir doucement du sous-sol. L'ombre traverse la place de la mairie. Et puis, il entend un cri bizarre.

Alex secoue la tête. Il murmure :

« Je ne jouerai plus aussi tard ! Je vois des **vampires** partout, maintenant ! »

▲ *La Chose boit le sang du clochard jusqu'à la dernière goutte. Mais elle a encore faim. Alors, elle cherche une autre victime dans les rues sombres de la ville…*

Chapitre 2
Un tueur dans la ville

Quinze jours plus tard…

Alex ouvre la porte.

« Papa ? Papa, je suis là ! »

Mais personne ne répond. La maison est vide. Son père n'est pas encore rentré. C'est normal, pense Alex, avec tout ce qui se passe. Monsieur Allard est le maire de la ville. Alors, avec tous ces meurtres bizarres, on a besoin de lui. Il y a des militaires partout, ils ne laissent plus entrer personne à Niedelbruck, et personne ne peut plus sortir de la ville.

Alex va dans sa chambre, pose son sac à côté du bureau. Sur le mur, une photo. Sur la photo, deux jeunes qui se ressemblent. Ils se tiennent par le bras. Ils sourient.

Alex pense à sa sœur, elle lui manque. Elle est partie en voyage, avec le lycée, et elle est restée de l'autre côté.

Alex descend, il prépare son goûter et allume la télé. Derrière son micro, le journaliste parle d'un ton grave :

« Peur sur la petite ville de Niedelbruck. La nuit dernière, le tueur en série a fait trois nouvelles victimes. Les habitants de Niedelbruck ne doivent pas sortir après dix-huit heures. Je répète, restez chez vous dès que la nuit tombe ! Vous risquez votre vie ! »

Alex a peur. Personne ne sait vraiment ce qui arrive. Il y a des militaires plein les rues. Mais les meurtres continuent. Toutes les nuits, de nouvelles victimes. Maintenant, le soir arrive et son père n'est toujours pas là…

▲ ***La Chose se réveille. La nuit tombe. Elle a faim. Une faim terrible… Depuis quelques jours, elle ne trouve plus de nourriture, les habitants se cachent. Il y a aussi des hommes, des armes, des chiens. Elle a faim, elle a vraiment faim.***

Au lycée, on ne parle plus que du tueur. Peut-être un fou, sorti d'une prison ou d'un hôpital ?

Alex, lui, a une autre idée. Il pense que ce n'est pas un homme, mais un extraterrestre. Il a vu dans un film, que les extraterrestres veulent envahir la Terre. Ils ont besoin de sang humain pour leurs expériences…

Chapitre 2

Dix-neuf heures sonnent et son père n'arrive pas ! Alex est inquiet. Fou ou extraterrestre, son père ne sera pas la prochaine victime !

Une sonnerie retentit, deux sonneries, trois sonneries. Alex se précipite vers le téléphone.

« Allô ? C'est toi, Marine ?... Oui, tout va bien... Non, papa n'est pas là... Il te téléphonera... Oui, moi aussi, t'en fais pas ! »

▲ *Quelqu'un, enfin ! Un homme traverse la place. La Chose le suit cachée dans l'ombre. Elle va lui sauter à la gorge... Mais soudain, l'homme passe dans la lumière. Elle recule. Puis il ouvre une porte et disparaît. La Chose grogne. Elle s'enfuit dans la nuit.*

« Alex, tu es là ? »

Le garçon sursaute. Son père, enfin ! Il se précipite dans l'entrée.

« Bonsoir papa ! »

Monsieur Allard enlève sa veste. Il semble fatigué.

« Tu as l'air inquiet, papa.
— Un peu. Ta sœur est hors de danger mais pas toi. Si je pouvais te faire sortir de la ville...
— Tu sais ce qui se passe, ici ?
— J'ai mon idée.
— Et c'est grave ?
— Oui. »

Alex regarde le visage de son père, il comprend que ce n'est pas la peine d'insister.

 La Chose passe devant une vitrine. Elle se regarde, mais ne voit rien, elle n'a pas de reflet. Pourtant, elle sait qu'elle est jolie : elle ressemble à une fille de quinze ans, aux cheveux noirs et aux yeux de feu. Ses longues dents brillent dans la lumière. Soudain, elle dresse la tête. Elle a entendu quelque chose...

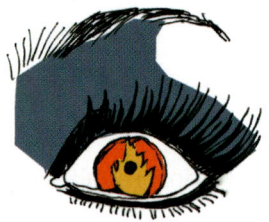

Chapitre 3

Demain, la fin du monde ?

Le lendemain...

Quand le soleil se lève, la Chose revient dans le sous-sol. Elle se couche dans la caisse et s'endort. Elle fait toujours le même rêve : elle voit un garçon, il lui ressemble, il est jeune et beau. Il ouvre le couvercle de la caisse. Et...

« Écoute, Alex, je pense que tu as l'âge de comprendre... »

Alex ne répond pas, il n'a pas envie d'entendre la suite. Quand son père dit : « tu as l'âge de comprendre », c'est toujours une mauvaise nouvelle. Mais monsieur Allard ne termine pas sa phrase. Quelqu'un sonne à la porte.

« Je vais voir, papa ! »

Derrière la porte, un homme aux cheveux noirs et au visage souriant. Alex se dit qu'il l'a déjà vu quelque part. Il ressemble à… Il ne sait plus à qui.

L'homme en imperméable lui tend la main.

« Bonjour, je suis Félix Milder, du ministère de la Sécurité. Je veux parler à Stéphane Allard. »

Alex le fait entrer. Son père arrive.

« Milder ! Je suis content de vous voir ! C'est terrible ce qui se passe ici.
— C'est si grave que ça ?
— Oui. »

L'homme baisse la voix.

« Nous pouvons parler devant votre fils ?
— Oui, il a l'âge de comprendre ! »

Encore cette phrase ! se dit Alex. Son père reprend.

« Nous avons eu trois morts, la nuit dernière. Et combien d'habitants vont mourir, la nuit prochaine ? Nous ne savons plus quoi faire. Vous pouvez nous aider.
— Je vais essayer. Mais je veux voir les victimes. Où sont-elles ?
— À la mairie. C'est juste devant. Venez, je vais vous montrer. »

Stéphane Allard croise le regard de son fils. Il sent qu'Alex veut lui demander quelque chose.

« … Alex, tu peux venir avec nous.

— D'accord ! J'arrive ! »

Alex met un pull. Il veut savoir. Après tout, à quinze ans, il a l'âge de comprendre, comme dit son père. Bizarrement il s'attend au pire.

Et il a raison…

Même en plein jour, la ville est vide. Trois ombres traversent la place de la mairie : deux hommes et un jeune garçon aux cheveux noirs.

« Après le vieux clochard, explique monsieur Allard, il y a eu vingt-sept victimes. Deux ou trois chaque nuit : des hommes, des femmes, des jeunes, des vieux. La secrétaire de la mairie était la troisième victime. Elle voulait me dire quelque chose, au sujet de monsieur Schuwert. Je ne saurai jamais quoi…

— Ce n'est donc pas un tueur en série, dit Milder. Ils choisissent toujours les mêmes victimes.

— Vous avez raison, c'est autre chose… Un animal, peut-être ? »

Alex pense aux extraterrestres.

Dans l'entrée de la mairie, personne. Tout est silencieux. Alex veut suivre les deux hommes, mais son père lui montre une chaise, près d'une porte.

« Toi, mon garçon, tu nous attends là. Tu as l'âge de comprendre, mais pas de tout voir. »

Chapitre 3

Alex grogne, il n'est pas content. Il pensait trouver une trace des extraterrestres quelque part, sur les victimes...

Son père ouvre la grande salle.

« Suivez-moi, Milder, s'il vous plaît. »

On entend des voix à travers la porte. Celle de son père et celle de Milder. Alex écoute. Et ce qu'il entend le fait trembler.

« Voici les trois morts de la nuit dernière... annonce monsieur Allard.
— Ils ont été vidés de leur sang ?
— Jusqu'à la dernière goutte ! Je n'ai jamais vu ça... Regardez leur gorge.
— Mais... ils ont été mordus !
— Et là, regardez bien, on voit des traces... Des traces de dents. Et ça ne ressemble pas aux dents d'un animal...
— Ni d'un homme !
— Alors qu'est-ce que c'est ? demande Stéphane Allard d'une voix inquiète.
— Je n'ose pas vous dire ce que j'en pense... Pas ici, en tout cas.
— Vous avez raison, allons dans mon bureau. »

Les deux hommes s'enferment dans le bureau et Alex n'entend plus rien. Mais il en sait assez. Les morsures... Ce ne sont pas des extraterrestres, mais des vampires ! Et c'est pire.

Il se lève de sa chaise, regarde autour de lui.

Demain, la fin du monde ?

Personne. Il va jusqu'au bout du couloir. Alex voit la porte du sous-sol restée ouverte. Il peut descendre par un petit escalier, comme dans ses jeux vidéos préférés. Il n'hésite pas…

▲ *La Chose sait qu'il viendra. Elle l'attend, au fond de son sommeil. Bien sûr, elle va le mordre. Une seule morsure suffit. Et tous les deux, ils seront invincibles…*

« Alors, qu'en pensez-vous, Milder ? »

Debout devant la fenêtre, Félix Milder réfléchit. Assis à son bureau, monsieur Allard attend qu'il parle.

« Cette chose… n'est pas un animal, ni un être humain, annonce Milder.

— Quoi, alors ?

— C'est une goule.

— Une goule ?

— Une femme vampire.

— Un vampire ? Vous croyez à ces bêtises-là ?

— Ce ne sont pas des bêtises et c'est très grave ! La nuit, elle tue pour se nourrir, mais bientôt… Elle voudra un autre vampire avec elle. Elle va mordre quelqu'un, quelqu'un qui lui ressemble, sans le vider de son sang. Et ce vampire mordra d'autres gens, qui en mordront d'autres…

— C'est donc la fin du monde ?

— Peut-être… Si cette goule arrive à sortir de la ville, c'est la fin des êtres humains !

Demain, la fin du monde ?

Chapitre 3

Monsieur Allard est inquiet. Quel terrible danger ! Pour lui, pour son fils, pour les habitants de Niedelbruck et pour tous les êtres humains. »

Milder reprend :

« La goule se cache quelque part. Peut-être tout près d'ici. Le jour, elle dort. Il faut la retrouver avant la nuit et la tuer.

— Eh bien, on va chercher dans toute la ville ! Je vais prévenir l'armée. »

Stéphane Allard prend son téléphone.

« Et comment peut-on la tuer, votre goule ?

— Dites aux militaires de mettre des balles en argent dans leurs armes. Il y a aussi la lumière : le soleil tue les vampires. »

 La Chose sourit dans son sommeil. Une seule morsure... Il sera immortel, comme elle. Et tous les deux, ils deviendront les maîtres du monde...

Chapitre 4
Au sous-sol

« **Alex**, où es-tu ? Alex ? Alex ? »

Stéphane Allard cherche son fils. Il n'est plus sur sa chaise, dans le couloir, ni devant la mairie…

« Mais où est donc ce garçon ? »

Milder reste calme.

« Ne vous inquiétez pas, monsieur Allard, votre fils n'est pas loin. Et puis, il ne risque rien quand le soleil brille. C'est la nuit que c'est dangereux.

— Qu'allons-nous faire ?

— Nous allons chercher et tuer ce vampire ! »

▲ *Tout à coup, la Chose se réveille. Elle sent quelque chose. Il n'est pas loin. Il arrive. Il approche. Tout près, oui, tout près d'elle !*

Chapitre 4

Le sous-sol est sombre. Très grand. Plein de poussière. Alex regarde autour de lui : des caisses de livres, des vieux meubles… Et une grande caisse dans un coin.

« C'est bizarre, ici ! murmure-t-il. »

Le jeune garçon fait quelques pas. Il hésite. Quels terribles ennemis vont sortir des coins sombres ? Des vampires assoiffés de sang comme dans *Legacy of Kain II* ? Soudain, Alex n'est plus Alex, mais Kane, le chasseur de vampires…

▲ *La Chose le sent. Il est à quelques mètres, il se rapproche encore… Elle est bien là, son âme sœur. Elle l'attend depuis si longtemps… Une simple morsure… pour la rendre éternelle.*

L'ennemi n'est pas loin, Kane le sait, Kane le sent. Il sort sa longue épée, la *Soul River*. Il fait trois pas dans le sous-sol et s'arrête. Dans un coin sombre, une grande caisse en bois. Il s'approche.

« Qu'est-ce que c'est que ça ? »

Alex regarde de plus près et lit les lettres presque effacées.

« Comte Drac… château de … Moldavie. »

Une publicité annonce : *Avec la terre de cimetière, vos orchidées sont fières !*

« Une caisse de terre ? murmure Alex. Qu'est-ce qu'elle fait là ? »

24

Cette caisse l'attire. C'est bizarre… Il avance, il s'approche. Il veut soulever le couvercle…

▲ *Le couvercle bouge et la Chose attend, les yeux grands ouverts. Elle attend son âme sœur. Une simple morsure, pour la rendre immortelle…*

La voix de son père retentit, au-dessus de sa tête.

« Alex ! Alex ! »

Alex lâche le couvercle. Il n'est pas dans un jeu vidéo, non. Il est dans la réalité. Une terrible réalité.

« J'arrive, papa, j'arrive ! »

Alex secoue la poussière sur son pull. Il remonte l'escalier.

Chapitre 4

▲ *Les longues dents de la Chose mordent dans le vide. Son âme sœur lui a échappé... Mais elle reviendra bientôt, elle le sait... Elle l'appelle.*

Chapitre 5
L'Âme sœur

Le lendemain…

Sur le mur, la photo du Président. Et une grande table. Félix Milder est assis au milieu. À sa droite, Stéphane Allard et à sa gauche, son fils Alex. Devant eux, la salle de la mairie est pleine de monde.

Milder explique aux journalistes ce qu'est une goule et quels sont ses pouvoirs.

« C'était un monstre, un monstre dangereux…
— Et ce monstre a tué tous ces gens ? demande un vieux monsieur.
— Oui, la goule avait besoin de sang pour se nourrir.
— Qu'est-ce qu'elle voulait ?
— La goule cherchait son âme sœur…
— Et après ? demande une jeune femme.

— Après, le règne des vampires pouvait commencer.
— On a eu de la chance ! » murmure une voix.

Milder regarde Alex. Un garçon courageux. Il a eu beaucoup de chance !

Stéphane Allard prend la parole. Il explique que la goule est bien morte. L'armée a tout nettoyé. Il n'y a plus de vampire, à Niedelbruck.

« Et si ça recommence, dans une autre ville ? demande quelqu'un.
— Impossible. On ne peut plus vendre ni acheter de la terre des Carpates. Elle est interdite. Il n'y a plus à avoir peur.
— Tant mieux ! » soupire quelqu'un.

Alex a un peu peur. Les micros se tendent vers lui, comme des serpents qui dressent la tête. Il y a aussi les flashes des photographes.

« Et vous, Alex, comment avez-vous trouvé le monstre ? demande une journaliste de la télé.
— C'est à cause de *Legacy of Kane*, le jeu vidéo.
— Mais comment…
— La première fois que je suis allé au sous-sol, je n'ai rien vu, explique Alex. Il y avait des vieilles choses et une caisse de terre, dans un coin. Quand je suis rentré chez moi, j'ai allumé ma console de jeu.
— Et alors ?

L'Âme sœur

— Au troisième niveau du jeu, Kane trouve la goule, son ennemie de toujours, dans un cimetière des Carpates. J'ai tout de suite pensé à la caisse de terre. Alors, j'ai deviné qu'elle était là-bas, bien cachée. »

Alex n'**avouera** pas qu'il n'a rien deviné, non, il l'a sentie. Elle l'appelait, elle l'attirait… Il devait revenir au sous-sol.

« À quoi ressemblait-elle ?

— Je n'ai vu que ses yeux, des yeux terribles. Et sa bouche, si rouge. Des dents longues, longues… »

Il y a des choses qu'Alex ne dira jamais à personne. Et surtout pas aux journalistes. Il ne leur dira pas que la goule ressemblait à sa sœur. Les mêmes cheveux noirs, le même visage… Il a cru que Marine avait trouvé un moyen d'entrer dans la ville.

« Marine, mais qu'est-ce que tu fais là ? »

Elle l'a regardé. Ses yeux de feu brillaient. Une lumière **surnaturelle**. Sa bouche, rouge, si rouge, s'est ouverte. Alors, Alex a vu ses dents, si longues. Ce n'était pas Marine, non, mais autre chose… Il a eu peur, très peur. Mais il ne pouvait plus bouger. **Paralysé**.

Les micros sont toujours tendus vers lui.

« Alex, racontez-nous ce qui s'est passé, au sous-sol… demande quelqu'un.

— Oui, racontez-nous tout ! dit un autre.

— Je veux une interview pour mon magazine !

— Non, c'est pour moi, je suis arrivé le premier ! »

Alex laisse les journalistes se disputer. Il ne dira rien, non. Il n'avouera jamais qu'il était attiré par les dents de la goule. Avec une envie terrible de se laisser mordre. Dans sa tête, la voix de sa sœur lui disait : « Tu es mon âme sœur, laisse-moi faire, tu deviendras immortel toi aussi... » Une simple morsure suffisait. Une petite morsure...

Le temps passait.
Alex restait paralysé.
Il regardait la goule.
Il écoutait sa voix.
Il attendait.

« Et qu'est-ce qui s'est passé ? demande quelqu'un.
— Eh bien, répond Alex, j'ai soulevé le couvercle. Un rayon de soleil est tombé sur la Chose. Elle a poussé un cri terrible et elle a pris feu. »

Mais ce n'est pas tout à fait vrai. Quand Alex a réussi à bouger, le soleil se couchait et la goule souriait. Bientôt la nuit, bientôt, elle pourrait le mordre. Il deviendrait vampire... Il serait immortel...

Alex a entendu la voix de son père, qui l'appelait dehors. Et la voix de Milder qui expliquait aux militaires que la goule craint la lumière. Son père... Milder... Les habitants de Niedelbruck... Sa sœur Marine... Non, il ne voulait pas devenir un vampire, il ne voulait mordre personne, ni son père, ni sa sœur, non ! Pas question ! Il a crié :

« Non ! Je ne veux pas, je ne veux pas ! »

Et il a enfin réussi à bouger.

Alors, il a tiré et poussé la lourde caisse, devant une petite fenêtre. Vers le dernier rayon de lumière. Il pleurait, quand elle s'est enflammée.

Chapitre 6
Quinze jours plus tard...

L'armée est partie et les journalistes aussi. Niedelbruck a retrouvé son calme.

Enfin, presque. Dans une vieille maison, vers la sortie de la ville, un chauffeur charge un camion.

Le fils de René Schuwert vide la maison de son père. Les meubles, les vieux souvenirs, les orchidées disparaissent dans le camion noir. Maintenant, on vide le sous-sol.

« Monsieur Schuwert ! Venez voir ! Qu'est-ce qu'on fait de ça ? »

Au fond, dans le coin le plus sombre, trois caisses oubliées attendent.

« Qu'est-ce que c'est ?
— De la terre des Carpates, je crois.

— C'est interdit, maintenant ! dit un homme.
— Oui, mais c'est cher, très cher, répond le fils. Allez, on les prend ! »

Les hommes sortent les caisses, ils les chargent sur le camion et grognent. Elles sont lourdes ! Très, très lourdes !

Ça y est, c'est fini, le camion peut partir. Pour Arles, une petite ville tranquille du Sud de la France.

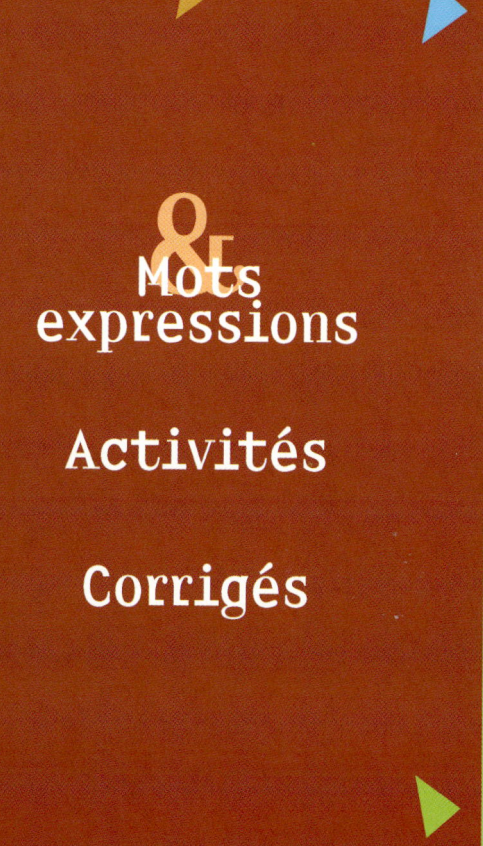

Mots & Expressions

Chapitre 1

- **Bizarre** *(adj.)* : étrange, curieux.

- **Carpates** *(n. f. pl.)* : chaîne de montagnes à l'Est de l'Europe.

- **Cimetière** *(n. m.)* : lieu où les morts sont enterrés.

- **Clochard** *(n. m.)* : personne sans travail qui vit dans la rue.

- **Console de jeux** *(n. f.)* : ordinateur pour jouer aux jeux vidéo.

- **Orchidée** *(n. f.)* : plante aux fleurs à trois pétales.

- **Sombre** *(adj.)* : avec peu de lumière.

- **Sous-sol** *(n. m.)* : situé au-dessous du sol, cave.

- **Vampire** *(n. m.)* : créature qui se nourrit du sang des vivants.

- **Victime** *(n. f.)* : personne tuée.

Chapitre 2

- **Danger** *(n. m.)* : un risque grave.

- **Expérience** *(n. f.)* : essais pour étudier, comprendre quelque chose.

- **Gorge** *(n. f.)* : partie avant du cou.

- **Inquiet(ète)** *(adj.)* : qui a peur que quelque chose se passe mal.

- **Meurtre** *(n. m.)* : tuer volontairement une personne.

- **Militaire** *(n. m.)* : personne de l'armée.

- **Reflet** *(n. m.)* : image de soi renvoyée par une surface (eau, miroir).

- **Risquer sa vie** : mettre sa vie en danger.

- **Tueur en série** *(n. m.)* : criminel qui tue de façon répétitive.

Chapitre 3

- **Immortel(le)** *(adj.)* : qui ne peut pas mourir.
- **Imperméable** *(n. m.)* : manteau qui protège de la pluie.
- **Invincible** *(adj.)* : qui ne peut pas être vaincu.
- **Morsure** *(n. f.)* : blessure faite en mordant.
- **Sécurité** *(n. f.)* : sûreté.

Chapitre 4

- **Âme sœur** *(n. f.)* : personne très proche.
- **Attirer** *(v.)* : faire venir à soi.
- **Calme** *(adj.)* : sans agitation, tranquille.
- **Éternel(le)** *(adj.)* : indestructible, immortel.

Chapitre 5

- **Avouer** *(v.)* : reconnaître que quelque chose est vrai.
- **Courageux(se)** *(adj.)* : qui a la volonté de se battre face à un danger.
- **Enflammer** *(v.)* : brûler.
- **Monstre** *(n. m.)* : animal imaginaire qui fait peur.
- **Paralysé** *(adj.)* : qui ne peut pas bouger.
- **Règne** *(n. m.)* : temps pendant lequel quelqu'un exerce son pouvoir.
- **Surnaturel(le)** *(adj.)* : qui n'appartient pas à la réalité.

Chapitre 6

- **Charger** *(v.)* : mettre quelque chose de lourd dans un véhicule.
- **Souvenir** *(n. m.)* : ce qui permet de se rappeler quelque chose.

Activités

1 **Qui suis-je ?**

Fais correspondre.

1. La Chose
2. Félix Milder
3. Marine
4. Kane
5. Stéphane Allard
6. René Schuwert

a. Un chasseur de vampires imaginaire
b. Un fleuriste
c. Une femme vampire
d. Un inspecteur
e. La sœur d'Alex
f. Le père d'Alex

Activités

2. À ton avis...

Retrouve la/les bonne(s) réponse(s).

1. L'histoire se passe :
   - a. À Niedelbruck, une ville du Nord de la France.
   - b. À Arles, une ville du Sud de la France.
   - c. Dans les Carpates.

2. Où se cache la Chose ?
   - a. Dans le sous-sol de la maison d'Alex.
   - b. Dans le cimetière.
   - c. Dans le sous-sol de la mairie.

3. Pourquoi René Schuwert a-t-il acheté de la terre des Carpates ?
   - a. Pour faire pousser ses orchidées.
   - b. Pour la mettre au cimetière de Niedelbruck.
   - c. Pour faire peur aux habitants de Niedelbruck.

4. Qui est la Chose ?
   - a. Un extraterrestre.
   - b. Une goule.
   - c. Un fou.

5. Comment la Chose choisit-elle ses victimes ?
   - a. À l'odeur du sang.
   - b. À leur reflet.
   - c. À leur poids.

Activités

6. Pourquoi la Chose attaque-t-elle la nuit ?
- **a.** Pour ne pas se faire prendre par les militaires.
- **b.** Pour faire peur aux habitants.
- **c.** Parce qu'elle meurt à la lumière.

7. Comment la Chose tue-t-elle ses victimes ?
- **a.** Elle les vide de leur sang.
- **b.** Elle les mange.
- **c.** Elle les enferme dans sa caisse en bois.

8. Pourquoi la Chose tue-t-elle ses victimes ?
- **a.** Parce qu'elle a faim.
- **b.** Parce qu'elle a sommeil.
- **c.** Parce que c'est un tueur en série.

9. Comment Alex retrouve-t-il la goule ?
- **a.** Il l'a suivie.
- **b.** Il est attiré par elle.
- **c.** Il l'entend.

10. Comment la goule séduit-elle Alex ?
- **a.** Elle prend l'apparence de sa sœur.
- **b.** Elle le regarde avec ses yeux de feu.
- **c.** Elle lui dit qu'ils seront les maîtres du monde.

11. Comment la goule peut-elle faire d'Alex un vampire ?
- **a.** Elle doit le recouvrir de terre des Carpates.
- **b.** Elle doit le mordre sans le vider de son sang.
- **c.** Elle doit le tuer.

Activités

12. Comment Alex se libère-t-il de la goule ?

- [ ] **a.** Il pense très fort à sa famille.
- [ ] **b.** Il appelle Milder pour lui porter secours.
- [ ] **c.** Il crie « Au secours ».

13. Pourquoi Alex pleure-t-il quand la goule prend feu ?

- [ ] **a.** Parce qu'il se sentait très proche d'elle.
- [ ] **b.** Parce qu'il voulait devenir un vampire.
- [ ] **c.** Parce que le feu lui pique les yeux.

3 La chasse aux vampires

Retrouve dans la grille les armes pour combattre les vampires.

1. Mes rayons les transforment en poussière.
2. Bénie, je suis leur pire cauchemar !
3. Si les Français m'apprécient dans leur cuisine, ce n'est pas le cas des vampires !
4. Mes flammes sont leur pire ennemi !

E	T	F	A	Z	L	E
H	E	S	I	B	X	M
M	S	O	L	E	I	L
K	F	H	C	A	O	G
G	E	S	V	U	M	E
R	F	E	U	D	V	J
A	Z	R	N	Y	I	A

Activités

4 — Les homonymes

Les homonymes sont des mots qui se prononcent de la même façon mais qui ne s'écrivent pas de la même manière et qui n'ont pas le même sens. Complète la phrase suivante avec le mot qui convient : *Sang – Sans – Cent*

Lorsqu'il devient Kane, le chasseur de vampires, Alex peut éliminer plus de … monstres … perdre une seule goutte de … .

5 — Des expressions sanglantes !

Fais correspondre les expressions à leur signification.

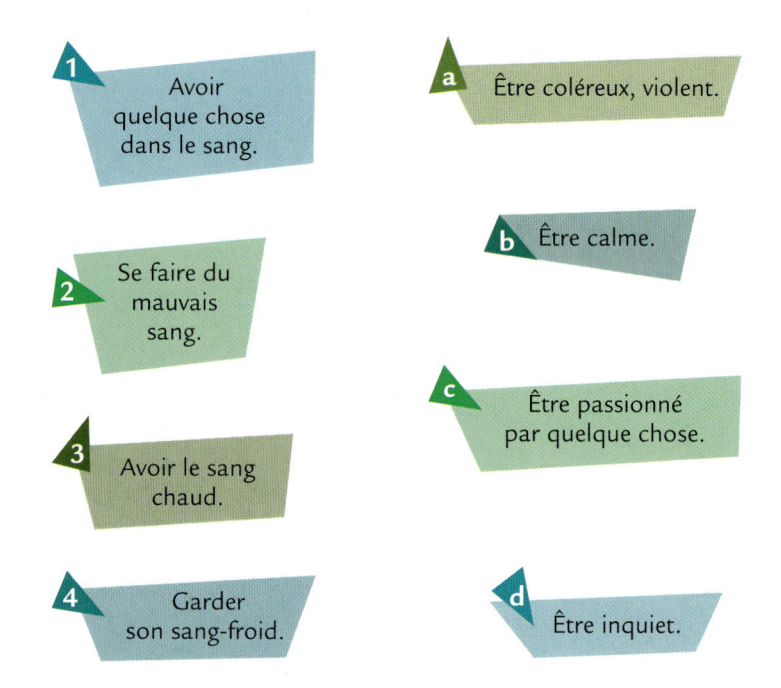

1. Avoir quelque chose dans le sang.
2. Se faire du mauvais sang.
3. Avoir le sang chaud.
4. Garder son sang-froid.

a. Être coléreux, violent.
b. Être calme.
c. Être passionné par quelque chose.
d. Être inquiet.

Activités

6 Drôle de cachette !

Six mots se sont cachés derrière des énigmes !
Retrouve-les et enferme-les dans la grille.

1. On prend de la terre dans ce lieu pour faire pousser les orchidées.

2. Cette chaîne de montagnes est le lieu de résidence des vampires.

3. C'est une trace que la Chose laisse sur la gorge des humains.

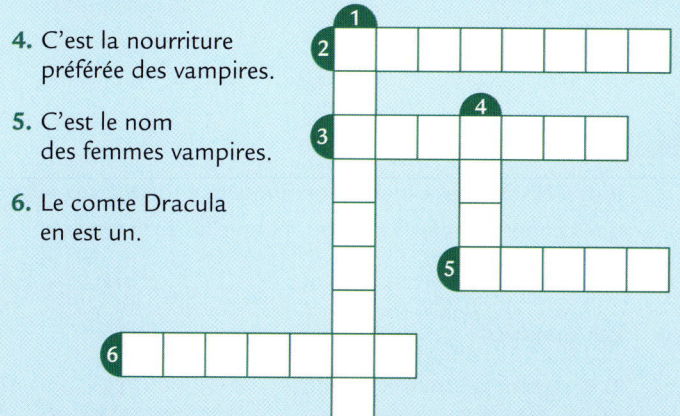

4. C'est la nourriture préférée des vampires.

5. C'est le nom des femmes vampires.

6. Le comte Dracula en est un.

7 Les intrus

Un intrus s'est glissé dans chaque liste de mots. Entoure-les.

1. Peur – Inquiétude – Bonheur – Terreur

2. Meurtrier – Victime – Assassin – Tueur

3. Immortel – Éternel – Invincible – Mortel

4. Ange – Démon – Monstre – Diable

Activités

8. Plus de peur que de mal !

Forme deux familles de mots à partir de la liste suivante. Essaie de les compléter. Tu peux t'aider du dictionnaire pour rechercher les mots que tu ne connais pas.

Peureux – Audacieux – Lâche – Vaillant – Craintif – Timoré – Courageux – Fort

....

....

9. La vérité est ailleurs...

Aide Félix Milder à mener son enquête en triant ces informations concernant les vampires. Lesquelles sont vraies ?

	Vrai	Faux
Les vampires :		
1. craignent la lumière du jour.	☐	☐
2. se réveillent uniquement les soirs de pleine lune.	☐	☐
3. ont de grandes dents.	☐	☐
4. n'ont pas de reflet.	☐	☐
5. se nourrissent d'orchidées.	☐	☐
6. dorment debout.	☐	☐
7. boivent du sang des humains.	☐	☐

Activités

10 ▸ Le bal des vampires…

La nuit, toutes sortes de monstres sont de sortie !
Mais lesquels sont des vampires ?

Roswell

King Kong

Nosferatu

Godzilla

Lestat

Mister Hyde

Buffy

Angel

Frankenstein

L'homme invisible

Dracula

Goule

Connais-tu d'autres créatures bizarres ?

11 ▸ Croix de bois, croix de fer, si je mens je vais en enfer.

Connais-tu la signification de cette expression ? À ton avis, pourquoi les vampires ne supportent-ils pas les croix ?

Corrigés

1   1. c. – 2. d. – 3. e. – 4. a. – 5. f. – 6. b.

2   1. a. – 2. c. – 3. a. – 4. b. – 5. a. – 6. c. – 7. a. – 8. a. – 9. a et b – 10. b – 11. b. – 12. a. – 13. a.

3   1. soleil – 2. eau – 3. ail – 4. feu.

4   cent – sans – sang.

5   1. c. – 2. d. – 3. a. – 4. b.

6   1. cimetière – 2. Carpates – 3. morsure – 4. sang – 5. goule – 6. vampire.

7   1. bonheur – 2. victime – 3. mortel – 4. ange

8   peur – peureux – lâche – craintif – timoré
courage – audacieux – vaillant – courageux – fort

9   Vrai : 1 – 3 – 4 – 7

10   Nosferatu – Lestat – Angel – Dracula – Goule

11   Les vampires sont des créatures démoniaques et diaboliques. Elles craignent donc Dieu et ses représentations.

Découvrez toute la collection Lire en français facile

1. de 300 à 500 mots

Série Tranches de vie	*Double Je*, V. Guérin — avec ou sans CD Audio
Série Science-fiction	*Si c'était vrai...*, S. Bataille — avec ou sans CD Audio
Série Fantastique	*Peur sur la ville*, A. Roy — avec ou sans CD Audio
Série policier	*La Disparition*, M. Gutleben — avec ou sans CD Audio
Série Aventures	*Le Trésor de la Marie-Galante*, A. Leballeur

2. de 500 à 900 mots

Série Science-fiction	*Le Prisonnier du temps*, A. Roy — avec ou sans CD Audio
Série Fantastique	*La Cité perdue*, L. Lamarche — avec ou sans CD Audio
Série policier	*Attention aux pickpockets !*, L. Lamarche — avec ou sans CD Audio

Imprimé en France par Mame Imprimeurs à Tours (n° 06062125)
Dépôt légal : 74590 - 06/2006
Collection n°04 - Edition 01
15/5457/5